Virtyt Lesha

Poluição sonora na Albânia

Virtyt Lesha

Poluição sonora na Albânia

Uma abordagem de análise de regressão

ScienciaScripts

Imprint

Any brand names and product names mentioned in this book are subject to trademark, brand or patent protection and are trademarks or registered trademarks of their respective holders. The use of brand names, product names, common names, trade names, product descriptions etc. even without a particular marking in this work is in no way to be construed to mean that such names may be regarded as unrestricted in respect of trademark and brand protection legislation and could thus be used by anyone.

Cover image: www.ingimage.com

This book is a translation from the original published under ISBN 978-3-659-87253-2.

Publisher:
Sciencia Scripts
is a trademark of
Dodo Books Indian Ocean Ltd. and OmniScriptum S.R.L publishing group

120 High Road, East Finchley, London, N2 9ED, United Kingdom
Str. Armeneasca 28/1, office 1, Chisinau MD-2012, Republic of Moldova, Europe
Managing Directors: Ieva Konstantinova, Victoria Ursu
info@omniscriptum.com

Printed at: see last page
ISBN: 978-620-2-78025-4

ÍNDICE DE CONTEÚDOS:

CAPÍTULO 1

Introdução

A maioria de nós está muito habituada aos sons que ouve no dia a dia. A música alta, a televisão, as pessoas a falar ao telefone, o trânsito e até os animais de estimação a ladrar a meio da noite. Todos eles se tornaram parte da cultura urbana e raramente nos perturbam. No entanto, quando o som da televisão nos impede de dormir toda a noite ou o trânsito começa a dar-nos dores de cabeça, o deixa de ser apenas ruído e começa a transformar-se em poluição sonora. Para muitos de nós, o conceito de poluição limita-se à natureza e aos recursos. No entanto, o ruído que tende a perturbar o ritmo natural da vida é um poluente sólido.

A poluição sonora causada pelo tráfego, actividades industriais e recreativas é um dos principais problemas ambientais locais na Europa e a fonte de um número crescente de queixas do público. No entanto, em geral, as acções destinadas a reduzir a poluição sonora têm tido uma prioridade inferior à atribuída à resolução de outros problemas ambientais, como a poluição do ar e da água.

O programa Quinto, de 1993, de ação ambiental teve lugar para melhorar este aspeto e incluiu uma série de objectivos fundamentais para a exposição ao ruído a atingir até 2000, enquanto a última proposta de revisão do

O quinto programa de ação (COM (95) 647) anunciou o desenvolvimento de um programa de redução do ruído para atingir estes objectivos.

O presente relatório constitui o primeiro passo no desenvolvimento de um programa deste tipo e tem por objetivo incentivar o debate público sobre a futura abordagem política do tratamento da poluição sonora. Examina a situação global da poluição sonora e as medidas tomadas até à data, seguidas da melhoria da informação e da comparação e, finalmente, das opções futuras para reduzir o ruído proveniente de diferentes fontes.

Muitos europeus consideram o ruído ambiente, causado pelo tráfego, pelas actividades industriais e recreativas, como o seu principal problema ambiental local, especialmente nas zonas urbanas. Estima-se que cerca de 20% dos habitantes da Europa Ocidental sofrem de níveis de ruído que os cientistas e os peritos em saúde consideram inaceitáveis, em que a maioria das pessoas se irrita e o sono é seriamente perturbado, sendo mesmo de recear efeitos adversos nos sistemas cardiovascular e fisiológico. O número crescente de queixas do público sobre o ruído é prova da preocupação crescente dos cidadãos. Por exemplo, o inquérito Euro-0barómetro de 1995 sobre o ambiente mostrou que o ruído era a quinta queixa mais importante sobre o ambiente local (depois do tráfego, da poluição atmosférica, da paisagem e dos resíduos), mas era a única questão sobre a qual as queixas do público tinham aumentado desde 1992. O mesmo inquérito revelou um aumento significativo da vontade do público de tomar medidas para reduzir o ruído. Algumas publicações recentes sobre o problema - como as da OMS, da AEA e do Conselho Nórdico - mostram que está a ser dada maior atenção às questões do ruído a nível internacional.

As medidas da Comunidade Europeia para resolver os problemas de ruído ambiente existem há mais de vinte e cinco anos e consistiram essencialmente em legislação que fixa níveis sonoros máximos para veículos, aviões e máquinas com objectivos de mercado único e, como tal, não foram concebidas como parte de um programa global de redução do ruído ambiente. Os Estados-Membros adoptaram uma multiplicidade de regulamentos suplementares e outras medidas destinadas a reduzir os problemas de ruído ambiente e, embora haja alguns indícios de que os níveis de ruído nos piores "pontos negros" tenham sido reduzidos, dados recentes mostram que o problema global do ruído está a agravar-se e que o número de pessoas que vivem nas chamadas "zonas cinzentas" aumentou. Em particular, o crescimento contínuo do volume de tráfego em todos os modos de transporte, juntamente com o desenvolvimento suburbano, levou a que os níveis elevados de exposição ao ruído se espalhassem cada vez mais no espaço e no tempo e são parte da razão para este agravamento. Em resultado destes desenvolvimentos, o impacto das medidas políticas implementadas até à data para resolver o problema do ruído está a ser anulado. De um modo geral, a ação da Comunidade e dos Estados-membros em matéria de ruído ambiente tem tido uma prioridade inferior à atribuída à resolução de outros problemas, como a poluição do ar e da água, apesar de as sondagens de opinião mostrarem que o ruído é considerado uma das principais causas da diminuição da qualidade de vida. Algumas das razões podem ser o facto de os decisores não estarem conscientes dos problemas ou familiarizados com os efeitos do ruído, que não são espectaculares: o ruído é insidioso e não catastrófico. No que diz respeito à Comunidade, a menor prioridade atribuída ao ruído deveu-se, em parte, ao facto de o ruído ser um problema muito local com percepções muito variadas em diferentes partes da Comunidade quanto à aceitabilidade do problema. Todavia, as fontes de muitas das causas do ruído ambiente não são de origem local. Além disso, apesar da dimensão local dos problemas de ruído ambiente, existe um consenso internacional geral sobre os níveis de ruído inaceitáveis a que o público não deve ser exposto, a fim de proteger a saúde e a qualidade de vida. Em 1993, a Comunidade Europeia anunciou o início de uma mudança na política em matéria de ruído ambiente, em consonância com as grandes alterações à política ambiental comunitária incluídas no Quinto Programa de Ação em matéria de Ambiente. No que diz respeito ao ruído, o programa estabeleceu como objetivo básico a situação em que nenhuma pessoa deverá estar exposta a níveis de ruído que ponham em perigo a saúde e a qualidade de vida. Apresenta uma série de objectivos para os níveis de exposição ao ruído a atingir até ao ano 2000.

A fim de atingir os objectivos, o Quinto Programa de Ação enumera uma série de medidas a implementar pelos diferentes intervenientes na Comunidade, em função das suas responsabilidades e competências, abrangendo questões de informação, tecnológicas, de planeamento, económicas e educativas. Reconhece-se claramente, tal como noutras áreas da política ambiental, que a Comunidade necessita de alargar a gama de instrumentos a aplicar, em vez de se basear apenas na legislação relativa às emissões na fonte, se quiser fazer progressos na proteção das pessoas contra a crescente exposição ao ruído. O recente relatório de progresso sobre o Quinto Programa de Ação (COM(95)624) apelou a uma maior intensificação dos esforços. Na sequência do relatório intercalar, a proposta de revisão do programa (COM(95)647) anuncia que será dada especial atenção ao desenvolvimento de um programa de redução do ruído, que abordará de forma abrangente o fornecimento de informações ao público, índices comuns de exposição ao ruído, objectivos para a qualidade do ruído e emissões sonoras de produtos. Para o efeito, o programa de trabalho da Comissão para 1996 anuncia o primeiro passo no desenvolvimento de um programa deste tipo através de um Livro Verde destinado a estimular o debate público sobre a futura política em matéria de ruído. O Livro Verde centra-se nos domínios em que a Comissão considera que o envolvimento da Comunidade, em cooperação com os Estados-membros e as autoridades locais, pode trazer valor acrescentado e ser particularmente benéfico para o público em geral.

O presente estudo aborda o ruído como um problema ambiental e, por conseguinte, não trata diretamente da questão do controlo do ruído nos locais de trabalho, para o qual existe legislação desde 1986 (Diretiva 86/188/CEE) e cuja revisão está pendente a nível do Conselho. Além disso, não trata do ruído de vizinhança. Neste caso, as disposições da Diretiva relativa aos produtos de construção (89/106/CEE) podem ser relevantes no que diz respeito a soluções técnicas. No entanto, uma grande parte das soluções para este tipo de ruído "social" são de carácter educativo e estes problemas são geralmente regulados a nível local.

O impacto ambiental do ruído e a situação do ruído na União Europeia

O ruído é frequentemente definido como "som indesejado" ou "som alto, desagradável ou inesperado". A sua origem está nas actividades humanas e está especialmente associado ao processo de urbanização e ao desenvolvimento dos transportes e da indústria. Embora seja principalmente um problema urbano, devido às condições topográficas, também pode ser uma fonte de incómodo nas zonas rurais.

Todos os Estados-membros têm classificações semelhantes das fontes de ruído ambiente relacionadas com as diferentes actividades humanas: tráfego rodoviário, tráfego ferroviário, tráfego aéreo, indústria, engenharia civil e actividades em estaleiros de construção, actividades recreativas, equipamento de exterior (como equipamento de jardinagem). Estas classes diferem de um ponto de vista fenomenológico e, dado que as atitudes do público em relação ao ruído proveniente das diferentes fontes variam, são percepcionadas de forma diferente.

Os efeitos do ruído são difíceis de quantificar, uma vez que a tolerância das pessoas aos níveis de ruído e aos diferentes tipos de ruído varia consideravelmente. No entanto, existe uma grande quantidade de literatura científica que analisa e avalia os efeitos do ruído nos seres humanos. O relatório mais recente e mais completo é o relatório da OMS (a publicar brevemente) "Community Noise - Environmental Health Criteria" (Ruído Comunitário - Critérios de Saúde Ambiental), que salienta que o ruído ambiente pode ter uma série de efeitos adversos diretos nas pessoas expostas, incluindo perturbações do sono, efeitos fisiológicos auditivos e não auditivos - basicamente cardiovasculares -, interferência na comunicação e incómodo geral. A exposição ao ruído ambiente não provoca normalmente perda de audição induzida pelo ruído, exceto quando a exposição é excecionalmente elevada durante um longo período.

De um modo geral, os dados sobre a exposição global da população dos países europeus são fragmentados e frequentemente difíceis de comparar devido à utilização de diferentes métodos de obtenção dos dados e de diferentes descritores. Os dados mais completos sobre a exposição ao ruído na Europa compilados pela ECD em 1993 e incluem dados de 14 países europeus.

Vários estudos realizados recentemente desenvolveram este trabalho e estimam que entre 17 e 22% (cerca de 80 milhões de pessoas) da população da União estão expostos a níveis contínuos de ruído exterior diurno provocado pelos transportes acima do que é geralmente considerado aceitável - mais de 65 dB(A) (INRETS 1994, von Meier 1994, INFRAS/IWW 1994). Outros 170 milhões de cidadãos estão expostos a níveis de ruído entre 55 e 65 dB(A), que é o nível a partir do qual as pessoas ficam seriamente incomodadas durante o dia.

O ruído do transporte rodoviário é a fonte dominante, sendo responsável por nove décimos da percentagem da população da União exposta a níveis de ruído superiores a 65 dB(A). No que diz respeito ao transporte ferroviário, 1,7% da população e ao transporte aéreo, mais 1% da população está exposta a estes níveis elevados.

Os dados relativos ao incómodo expresso são ainda mais insuficientes do que os relativos à exposição. Os inquéritos nacionais nem sempre utilizam as mesmas formulações de perguntas para permitir a avaliação do modo como o ruído é percepcionado (perturbado, incomodado ou afetado). Só estão disponíveis dados comparáveis para quatro países - Alemanha, França, Países Baixos e Reino Unido. Estes dados mostram que o tráfego rodoviário parece incomodar entre 20 e 25% da população e o ruído ferroviário entre 2 e 4%. Os dados de vários países indicam que as pessoas têm uma maior tolerância ao ruído ferroviário do que ao ruído rodoviário e, em alguns países, este facto é tido em consideração na definição de normas, orientações ou recomendações, que são fixadas em cerca de 5 dB(A) mais elevadas para o caminho de ferro do que para a estrada.

Recentemente, as investigações começaram a analisar a relação efeito-dose, segundo a qual uma determinada percentagem da população incomodada está relacionada com uma dada exposição ao ruído. A relação efeito-dose dependerá da fonte de ruído que causa a exposição e deverá permitir comparar o incómodo causado por diferentes fontes de ruído. Outro objetivo da presente investigação é investigar os efeitos cumulativos da exposição a diferentes fontes de ruído. Os dados relativos aos últimos 15 anos não revelam melhorias significativas na exposição ao ruído ambiente, especialmente ao ruído do tráfego rodoviário. Embora os níveis de exposição tenham permanecido relativamente estáveis no início da década de 1980 e as acções relativas aos "pontos negros" superiores a 70 dB(A) tenham sido bem sucedidas, conforme indicado supra, a proporção da população exposta a níveis superiores a 65 dB(A) permaneceu elevada e, no final da década, registaram-se aumentos em muitos países da Europa Ocidental na gama de 55-65 dB(A), a chamada zona "cinzenta", aparentemente em resultado do rápido crescimento do volume de tráfego rodoviário (INRETS 1994). Os dados mostram que o número de pessoas expostas de forma aguda está a diminuir, mas o problema global está a agravar-se. Em muitas zonas urbanas, os picos de ruído do tráfego não estão a aumentar, mas o período de elevada exposição ao ruído está a aumentar. Enquanto no passado o período diurno entre as 8h00 e as 18h00 era o mais ruidoso, atualmente, o período noturno está também a tornar-se cada vez mais ruidoso (CEST 1993).

No caso do tráfego aéreo, há alguns indícios de melhorias na exposição ao ruído das aeronaves desde a década de 1970. Tal deve-se, em grande medida, à introdução de normas de certificação do ruído mais rigorosas, mas também a outras medidas não técnicas (restrições aos movimentos noturnos, trajectórias de voo de descolagem e aterragem controladas, procedimentos de controlo do tráfego aéreo). Por exemplo, a população em torno de Heathrow exposta a níveis de ruído superiores a 60 dB(A) diminuiu mais do que entre 1975 e 1989, quando se registou um crescimento significativo do tráfego no mesmo período. Também se registaram grandes reduções em Copenhaga e Schipol (Amesterdão). As emissões sonoras dos comboios individuais também diminuíram e estão associadas à passagem dos comboios de passageiros movidos a diesel para comboios eléctricos, à introdução gradual de carris soldados em substituição dos carris articulados e à maior utilização de material circulante com travões de disco. O desenvolvimento do caminho de ferro de alta velocidade é uma questão particularmente preocupante no que diz respeito ao ruído ferroviário futuro e é o principal objeto de queixa do público, quando se discutem novas linhas. A prática atual consiste em incluir medidas de redução do ruído no planeamento e construção dessas linhas. Os dados disponíveis sobre o estado atual e as previsões do ambiente sonoro, que apresentam graves deficiências, mostram que, na ausência de políticas ambiciosas de redução, o ambiente sonoro corre o risco de permanecer insatisfatório ou mesmo de se deteriorar, especialmente a exposição ao ruído do tráfego rodoviário. As principais tendências gerais que influenciam a situação atual e futura são

- O aumento dos veículos e da quilometragem dos veículos; as previsões até 2010 indicam uma quase duplicação do transporte rodoviário de mercadorias (em toneladas/quilómetros) e um aumento do tráfego aéreo superior a 180%;
- O desenvolvimento do caminho de ferro de alta velocidade;
- A propagação do ruído do tráfego afecta espacialmente as zonas rurais e suburbanas;
- A propagação do ruído ao longo do tempo à medida que o período de níveis incómodos de ruído dos transportes se expande com a distribuição de mercadorias 24 horas por dia

Qualquer som indesejável e não desejado pode ser considerado ruído. No entanto, a sua perceção é subjectiva. O ruído de uma pessoa pode ser música para os ouvidos de outras.

Seja como for, a exposição a níveis elevados de ruído ou de música pode ter efeitos físicos ou emocionais nocivos. Pode manifestar-se por uma pequena irritação psicológica ou por uma dor de ouvido grave, por vezes extrema.

O dano físico ao ouvido pode ser uma perda auditiva temporária (mudança temporária de limiar ou TTS) que se manifesta numa perceção reduzida de sons de baixo nível. Se o doente for retirado do ambiente ruidoso, a recuperação pode ser esperada num par de meses. É possível a perda permanente da audição (alteração permanente do limiar induzida pelo ruído ou NIPTS). Isto significa que o doente não irá perceber sons de baixo nível e a condição só pode ser corrigida com a utilização de aparelhos auditivos electrónicos.

Embora alguns indivíduos possam ser mais sensíveis ao ruído do que outros, a exposição a música alta (100 decibéis) - tão na moda hoje em dia - pode eventualmente levar a NIPTS, uma perda de audição de 10-15 decibéis na extremidade inferior do intervalo de perceção.

A extensão da perda de audição depende do nível e da duração da exposição. É provável que uma hora de exposição a um ruído de 100 decibéis possa causar TTS de curta duração, com um período de recuperação de um a cinco dias. A exposição contínua a níveis sonoros elevados, na ordem dos 90 decibéis, durante um período superior a 5 anos, pode eventualmente provocar uma perda de 15-20 decibéis de NIPTS.

Para além dos efeitos físicos diretos na audição, os efeitos fisiológicos indirectos da exposição contínua à poluição sonora podem ser significativos. As doenças cardíacas, o aumento da pressão sanguínea e a alteração do ritmo do pulso podem estar relacionados com a exposição prolongada ao ruído. No entanto, no momento da redação do presente relatório, não existem dados suficientes para estabelecer o impacto físico para além de qualquer dúvida razoável.

O impacto emocional pode ser muito mais grave, mas, mais uma vez, os dados da investigação são lamentavelmente inadequados para se tirarem conclusões "irrefutáveis". No entanto, é inegável que a exposição contínua a níveis elevados de ruído provoca irritabilidade, ansiedade, stress e, em casos extremos, depressão.

Em fábricas ruidosas, a menos que os trabalhadores estejam protegidos com tampões para os ouvidos ou abafadores especialmente concebidos para o efeito, é comum a fadiga mental e a perda de concentração, o que conduz a níveis mais baixos de produtividade e, em casos extremos, a acidentes. Nos estaleiros de construção onde é utilizado equipamento hidráulico (martelos pneumáticos), a taxa de acidentes foi significativamente reduzida com a introdução de protectores auriculares para os operadores dessas máquinas.

Numa comunidade, o impacto de um nível de ruído elevado é significativo, uma vez que interfere com o sono e a conversação. Os efeitos psicológicos podem ser de grande alcance. Por exemplo, se se puder contar com os rumores, numa universidade americana está pendente um pedido de investigação para examinar as taxas de divórcio em comunidades próximas de grandes aeroportos. Poderão ser necessários muitos anos de investigação concentrada e de estudos de impacto para relacionar estes problemas sociológicos com a poluição sonora, de forma a que possam ser aceites em tribunal.

Pode, portanto, concluir-se que a poluição sonora não é apenas um pequeno incómodo, mas um perigo ambiental grave e por vezes fatal. Os responsáveis pela saúde pública devem ter em conta sobre o impacto físico e emocional da poluição sonora, especialmente nas comunidades expostas a frequentes sobrevoos de baixa altitude.

Estimativas dos custos externos do ruído

Os custos económicos do ruído têm sido analisados de várias formas diferentes e não existem referências para uma avaliação normalizada dos custos. Quase toda esta investigação se limita ao ruído dos transportes. Os métodos mais comuns utilizados têm sido (INFRAS/IWW 1994):

- Disponibilidade para pagar com base em inquéritos
- Alteração do valor de mercado dos imóveis; preços hedónicos
- Custo das medidas de redução
- Custo de evitar ou prevenir
- Custo dos cuidados médicos e perdas de produção

Uma panorâmica destes estudos efectuada em 1993 (Quinet 1993) concluiu que os custos estimados da poluição sonora variam entre 0,2% e 2% do PIB. Em geral, os estudos baseados na abordagem dos custos evitados dão valores baixos para os custos do ruído - inferiores a 0,1% do PIB, enquanto os estudos que utilizam a abordagem da disponibilidade para pagar dão valores mais elevados. Todos os estudos sobre a disponibilidade para pagar foram efectuados em países com um elevado rendimento per capita. Disponibilidade para pagar

depende indubitavelmente da capacidade de pagamento e, por conseguinte, o ruído não seria provavelmente tão valorizado em países menos ricos. Na Alemanha, vários estudos foram baseados na abordagem da disponibilidade para pagar por um melhor ambiente sonoro e mostram que, em média, um indivíduo estaria preparado para pagar cerca de 10 ecus por 1 dB(A) de melhoria por pessoa e por ano, se os níveis de ruído excedessem 43 dB(A). Nesta base, os custos anuais do ruído do tráfego na Alemanha foram estimados em 7. 8 - 6 mil milhões de ecus. O estudo efectuado para a UIC pelo IFRAS/IWW (1994) fez uma estimativa global para 17 países europeus com base na abordagem da disponibilidade para pagar, que mostra que o custo total do ruído dos transportes é de 38 mil milhões de ecus por ano (EURI5 mais Noruega e Suíça) ou 65% do PIB. Os valores dos custos para cada país foram ajustados às situações nacionais individuais utilizando as paridades do poder de compra.

Estudos sobre a diminuição do valor das habitações em função da exposição ao ruído numa variedade de países nos últimos 25 anos mostraram que, na década de 1980, a taxa média de depreciação pode ser estimada em aproximadamente 1% por dB(A) se o ruído exceder 55 dB(A), enquanto os estudos relativos à década de 1970 mostram uma taxa de depreciação de 0,3 a 0,8% por dB(A) (INRETS 1994). Com base nestas taxas de depreciação, foram efectuadas avaliações globais dos danos totais causados pelo ruído do tráfego rodoviário para cidades e países. No caso de França, estes foram estimados em 800 milhões de ecus por ano, ou uma média de cerca de 30 ecus por habitante exposto a mais de 55 dB(A).

Os dados sobre os custos do ruído causado pelo ruído da aviação referem-se frequentemente aos custos dos sistemas de isolamento das propriedades nas imediações dos aeroportos. Estes custos variam muito em função dos custos locais do trabalho e dos materiais, do âmbito do projeto de isolamento, do nível real de ruído interior a atingir e das medidas técnicas utilizadas. Esta situação é ilustrada pelos seguintes dados: para Schipol, o custo médio por apartamento é de cerca de 23650 ecus, para cerca de 3800 ecus, Koln-Bona 6600 ecus (para 3 quartos) e Manchester 2300 ecus. Existem poucos dados sobre os custos reais dos danos causados pelo ruído em termos de estimativas monetárias dos custos para a saúde. Alguns trabalhos efectuados na Alemanha estimaram que o custo anual do ruído para a saúde pública é da ordem de 500 a 1900 milhões de ecus por ano para o ruído rodoviário e de 100 milhões de ecus para o ruído ferroviário.

Políticas existentes para reduzir a exposição ao ruído e sua aplicação

Existem três abordagens básicas para reduzir a exposição ao ruído ambiente:

- Reduzir o ruído na fonte - de máquinas, motores e superfície, reduzir as velocidades e reduzir o volume de tráfego e a utilização de equipamento.
- Limitar a transmissão do ruído através da colocação de barreiras entre a fonte e as pessoas afectadas.
- Reduzir o ruído no ponto de receção, por exemplo, através do isolamento acústico dos edifícios.

Os instrumentos políticos desenvolvidos para aplicar estes métodos incluem: Normas de emissão para fontes individuais geralmente estabelecidas na legislação, normas de emissão baseadas em critérios de qualidade do ruído, ordenamento do território, medidas de infraestrutura, instrumentos económicos, procedimentos operacionais, investigação e desenvolvimento e acções de educação e informação.

As secções seguintes analisam a utilização destes instrumentos políticos na União Europeia e avaliam brevemente o impacto que a sua aplicação teve na situação do ruído. A maioria destes instrumentos foi desenvolvida e aplicada a nível nacional e local. O envolvimento da Comunidade Europeia e internacional tem sido essencialmente no estabelecimento de normas de emissão para controlo do ruído de fontes individuais, embora se verifique uma cooperação crescente a nível comunitário e internacional na investigação sobre os efeitos do ruído, métodos de redução do ruído e determinação dos níveis de exposição ao ruído.

Legislação sobre normas de emissão

Durante mais de vinte anos, a política comunitária em matéria de ruído ambiente consistiu essencialmente em legislação que fixa níveis sonoros máximos para veículos, aviões e máquinas com um objetivo de mercado único associado a procedimentos de certificação por terceiros para garantir que os novos veículos e equipamentos cumprem, no momento do fabrico, os limites de ruído estabelecidos nas diretivas.

Fontes de transporte

Transporte rodoviário

Veículos a motor: A legislação original que rege os níveis sonoros dos veículos a motor (automóveis, camiões e autocarros) foi adoptada em 1970 (Diretiva 70/157/CEE) e, desde então, foi alterada nove vezes. A última alteração, a Diretiva 92/97/CEE, entrou em vigor em 1996. O ensaio de homologação desta diretiva visa limitar o ruído produzido numa situação típica de tráfego urbano. Todos os veículos têm de cumprir os limites e, por conseguinte, os modelos de produção têm de ser concebidos para ldB(A) abaixo dos limites para permitir tolerâncias de produção. medida que os limites foram diminuindo, o ruído dos pneus tornou-se mais significativo e, com os novos limites, será a principal fonte a velocidades superiores a 50 km/h. Chegou-se agora a um ponto em que, sem medidas para resolver o problema do ruído rodoviário, uma nova redução dos limites não seria eficaz. A alteração de 1992 convida, por conseguinte, a Comissão a apresentar uma proposta para resolver o problema do ruído rodoviário.

Motociclos de duas e três rodas: A legislação que estabelece limites para o nível sonoro admissível dos motociclos existe desde 1978 (78/1015/CEE) e foi alterada em várias ocasiões a fim de introduzir valores-limite mais baixos, a última das quais em 1989 (89/235/CEE). Em 1993, a Comissão propôs um projeto de alteração à diretiva como parte de uma proposta global relativa à homologação de veículos de duas e três rodas (COM(93)449). Esta proposta tornaria obrigatórios, a partir de 1 de janeiro de 1997, os valores-limite facultativos da segunda fase estabelecidos na alteração de 1989 e introduziria também disposições relativas à antialteração dos silenciadores. O Conselho chegou a uma posição comum sobre esta proposta em novembro de 1995, prevendo-se a sua adoção final em 1996.

Avaliação do impacto da legislação

Após a aplicação da última alteração este ano, a legislação terá resultado numa redução do ruído de 85% para os automóveis individuais (8 dB (A)) e de mais de 90% para os camiões pesados individuais (11 dB (A)). No entanto, estudos demonstraram que a redução dos níveis reais de ruído do tráfego rodoviário graças a esta legislação foi muito inferior: apenas 1 ~2 dB(A). As razões para este baixo nível de eficácia foram identificadas como sendo: limites flexíveis nos primeiros anos, uma substituição lenta dos veículos mais ruidosos mais antigos, um crescimento significativo do tráfego e um limiar mais baixo para as reduções de ruído alcançáveis causadas pela interação da estrada (Sandberg 1993). Além disso, o procedimento de ensaio (ISO R 362) não reflecte condições de condução realistas e, sem um procedimento de inspeção regular para assegurar a manutenção das caraterísticas acústicas do projeto, os níveis de ruído do veículo podem aumentar com o tempo. Por exemplo, a manipulação dos silenciadores de escape dos motociclos pode aumentar os níveis de ruído em 10 dB(A). A Diretiva 771143/CEE estabelece as disposições básicas para os ensaios e inclui o ruído como um dos elementos a incluir no ensaio. No entanto, trata-se geralmente apenas de um controlo subjetivo para garantir que os silenciadores de escape estão intactos e não existe legislação específica como existe para a poluição atmosférica. Alguns países fora da União Europeia têm tido êxito com o controlo técnico do ruído. No Japão, por exemplo, há inspecções periódicas do ruído dos veículos em circulação na via pública, enquanto em alguns estados australianos os veículos são sujeitos a deteção na estrada e subsequente ensaio (OCDE 1991). Em Nova Gales do Sul, milhares de veículos são testados todos os anos e foram obtidas reduções médias de emissões de 9 dB(A) a um custo relativamente baixo.

Transporte ferroviário

Em 1983, a Comissão propôs uma diretiva relativa aos níveis máximos permitidos de emissões sonoras dos veículos montados em carris. Esta proposta, embora aprovada pelo Parlamento Europeu, foi retirada pela Comissão em 1993. A retirada deveu-se em parte a questões técnicas não resolvidas, mas principalmente ao acesso sem restrições de veículos ferroviários de países terceiros que não estariam sujeitos aos níveis de emissão da Comunidade Europeia. Entretanto, alguns Estados-Membros começaram a considerar a possibilidade de introduzir os seus próprios controlos das emissões de ruído ferroviário. Em 1993, a Áustria promulgou legislação sobre a admissão de vagões ferroviários para utilização pelos caminhos-de-ferro austríacos, que exige, a partir de 1995, uma redução do ruído de 5 dB(A) para os vagões de mercadorias.

A Diretiva 92/14/CEE relativa aos transportes aéreos, que entrou em vigor em abril de 1995, é a última de uma série de medidas legislativas iniciadas em 1979 (Diretivas 80/51/CEE e 89/629/CEE) destinadas a limitar o ruído das aeronaves. Estas diretivas, tal como a legislação amplamente semelhante noutros "Estados com restrições acústicas" (a maior parte da Europa não comunitária, o Japão, a Austrália e a Nova Zelândia, e os EUA), utilizam as normas de referência especificadas pela Organização da Aviação Civil Internacional (ICAO) no Anexo de Proteção Ambiental (Anexo 16, Volume I) da Convenção de Chicago, a que a maioria dos países do mundo aderiu. Os valores-limite para cada tipo de aeronave durante a descolagem e a aterragem são especificados em termos de níveis de ruído efetivamente percebidos (EPNL) em dB(A), e dependem do peso da aeronave e do número de motores. As aeronaves de transporte a jato mais antigas e mais ruidosas são "não certificadas para efeitos de ruído" (NNC), as caraterísticas da segunda geração estão reflectidas no Capítulo 2 do Anexo 16 e as aeronaves mais modernas e mais silenciosas cumprem as normas do Capítulo 3.

As aeronaves subsónicas não certificadas para emissões sonoras (NNC) foram excluídas dos aeroportos durante vários anos e, nos termos da Diretiva 92/14, as aeronaves do capítulo 2 com mais de 25 anos estão proibidas de utilizar os aeroportos da Comunidade Europeia desde abril de 1995, a menos que sejam concedidas isenções destinadas a evitar dificuldades económicas excessivas às companhias aéreas dos países em desenvolvimento, por exemplo. As aeronaves do capítulo 2 estão a ser sistematicamente eliminadas durante o período de 1995 a 2002 e, a partir de 1 de abril de 2002, apenas as aeronaves do capítulo 3 serão autorizadas a utilizar os aeroportos comunitários. Entretanto, está a ser considerado um maior rigor em instâncias internacionais como o Comité de Proteção Ambiental da Aviação (CAEP) da ICAO e a Conferência Europeia da Aviação Civil (CEAC).

Avaliação do impacto da legislação

Tal como os veículos a motor individuais, as aeronaves individuais, quando comparadas com as do mesmo tamanho, tornaram-se muito mais silenciosas nos últimos vinte anos. A área da pegada acústica em torno de um aeroporto, feita por um avião a jato moderno, foi reduzida por um fator de 9 em comparação com uma aeronave com tecnologia dos anos setenta. No segmento dos turbopropulsores, a pegada sonora foi reduzida por um fator de 4,5 nos últimos vinte e cinco anos. Na Europa, a transição para uma frota exclusivamente do Capítulo 3 tem avançado de forma constante, mas, ao mesmo tempo, a dimensão média de cada aeronave está a aumentar. Estes desenvolvimentos, juntamente com o elevado crescimento no passado e o elevado crescimento projetado para o futuro, podem significar que apenas serão obtidos benefícios a curto ou médio prazo com a eliminação progressiva das aeronaves do Capítulo 2 e que, após 2002, as emissões sonoras globais e, consequentemente, as pegadas sonoras globais poderão não ser contidas dentro dos limites reduzidos que se espera alcançar até essa data.

Avaliação do impacto da legislação

Estas diretivas abrangem apenas uma gama muito pequena de equipamentos ruidosos para exteriores e, nos últimos anos, vários Estados-Membros têm apelado ao alargamento da legislação a outros produtos, em especial para garantir que a legislação nacional desenvolvida em matéria de emissões sonoras de equipamentos para exteriores não conduza a restrições ao comércio e cause problemas ao funcionamento do mercado único. Por exemplo, existe legislação em França que controla o ruído das máquinas de construção, na Alemanha que regula as bombas e misturadoras de betão e nos Países Baixos que controla as motosserras. A fim de abordar o problema do ruído do equipamento de exterior de uma forma integrada, a Comissão, juntamente com peritos dos Estados-Membros, tem vindo a desenvolver uma nova diretiva-quadro que reúne as máquinas já abrangidas pela legislação comunitária em matéria de ruído e uma vasta gama de outros produtos.

Ruído industrial

Não existe legislação comunitária que estabeleça limites para as emissões sonoras das instalações industriais. No entanto, a proposta de diretiva relativa à prevenção e controlo integrados da poluição (IPPC), sobre a qual o Conselho chegou a uma posição comum em 1995, é relevante para a redução do ruído. Esta diretiva prevê o controlo das emissões, incluindo as sonoras, através de uma licença que tenha em conta as circunstâncias locais. O pedido de autorização deve incluir uma descrição dos efeitos prováveis e tanto o pedido como a autorização estão sujeitos a controlo público. Ao emitir a licença, a autoridade competente garante que quaisquer emissões de ruído relevantes provenientes da indústria podem ser controladas se as circunstâncias locais assim o exigirem. Prevê também que o Conselho adopte limites de emissão a nível europeu se tal for necessário.

Normas de emissão e procedimentos de planeamento: Critérios de qualidade do ruído
Trabalhos internacionais sobre critérios de qualidade do ruído

Tal como mencionado na introdução, ao longo dos anos tem surgido um grande consenso internacional sobre o que constitui níveis inaceitáveis de exposição ao ruído e quais devem ser os níveis máximos de exposição para determinadas situações específicas. A nível internacional, a Organização Mundial de Saúde, juntamente com a OCDE, são os principais organismos que recolheram dados e desenvolveram as suas próprias avaliações sobre os efeitos da exposição ao ruído ambiente. Com base nessas avaliações, foram sugeridos valores-guia para diferentes períodos de tempo e situações. Em meados da década de 1980, a OCDE (OCDE 1986) comunicou os limiares de incómodo sonoro do seguinte modo (em LAeq diurno a

- O ruído de 55-60 dB(A) é incomodativo;
- a 60-65 dB(A) o incómodo aumenta consideravelmente;
- acima de 65 dB (A) padrões de comportamento limitados, sintomáticos de danos graves
- causadas pelo ruído.

O Quinto Programa de Ação em matéria de Ambiente estabeleceu uma série de objectivos gerais nos quais se devem basear as acções a desenvolver até ao ano 2000 em matéria de LAeq

- para eliminar progressivamente a exposição média superior a 65 dB(A);
- garantir que, em nenhum momento, seja ultrapassado um nível de 85 dB(A), juntamente com o objetivo de assegurar que não aumente a proporção da população exposta a níveis médios entre 55 e 65 dB(A)
- em zonas tranquilas não deve aumentar para além de 55 dB(A).

Critérios de qualidade do ruído aplicados nos Estados-Membros

Um estudo da situação nos países comunitários mostrou que a maioria dos Estados-Membros adoptou legislação ou recomendações que visam limites de emissões em zonas sensíveis ao ruído semelhantes a estes valores-guia. (INRETS 1994). As regulamentações nacionais foram inicialmente desenvolvidas nos anos 70 e 80 nos Estados-Membros do Norte e um pouco mais tarde nos Estados-Membros do Sul. Em geral, os limites são mais pormenorizados e específicos sobre a fonte de ruído, a situação atual em termos de ruído e o tipo de área habitada do que os valores-guia da OMS. Cada vez mais, estes regulamentos estão a ser integrados em leis nacionais de redução do ruído e são utilizados em planos de utilização dos solos. As normas de emissão de ruído para novos empreendimentos são normalmente estabelecidas pelas autoridades locais como parte da política de planeamento e são utilizadas como referência nas avaliações de impacto ambiental. Servem como meio de garantir a adoção de medidas adequadas para minimizar o impacto do ruído de um local. Quando não é possível atingir um nível aceitável de ruído, a autorização de planeamento pode ser recusada ou podem ser necessárias medidas para melhorar o isolamento das fontes de ruído. No que respeita ao ruído do tráfego rodoviário, os limites aplicam-se geralmente a novas estradas e a grandes modificações de estradas existentes nas redes rodoviárias nacionais. As estradas municipais e urbanas raramente são abrangidas por valores-limite, cabendo à autoridade local a decisão de aplicar ou não o limite. Apenas alguns países adoptaram medidas para melhorar os problemas críticos de ruído existentes ao longo das estradas existentes. Os problemas de financiamento destas acções têm limitado a sua adoção. A nível técnico, o índice LAeq (nível sonoro equivalente) tem sido quase universalmente adotado para a avaliação do ruído rodoviário. Os limites de emissão são geralmente aplicados aos períodos diurno e noturno, embora as definições de dia e noite variem. A definição mais comum é 6-22h para o período diurno e 22-6h para o período noturno. Por vezes, o entardecer é acrescentado como um terceiro período, uma vez que é um período extremamente sensível para os residentes locais. Os países nórdicos utilizam um único valor para o período noturno de 24 horas~; sendo elevado em 10 , o dB(A) para calcular a média diária. Para além do período diurno, os limites de emissão de ruído dependem da sensibilidade das zonas onde se aplicam: hospitais, escolas, zonas residenciais, zonas industriais e zonas comerciais, bem como da fase de desenvolvimento de infra-estruturas e edifícios. Verificam-se frequentemente diferenças de 10 a 15 dB(A) nos limites entre as zonas mais e menos sensíveis. As situações nos diferentes Estados-Membros são diversas e difíceis de comparar. No entanto, o estudo da situação na Comunidade efectuado para a Comissão mostrou que os limites de 58 a 62 dB(A) medidos em LAeq durante o dia nas fachadas dos edifícios e de 48 a 55 durante a noite parecem ser as gamas dos limites básicos aplicados às zonas limítrofes de novas estradas em áreas residenciais. É também frequente observarem-se diferenças de 5 a 10 dB(A) entre os limites aplicados a novos empreendimentos e os limites para correção de situações existentes. Os limites aplicados ao ruído ferro-rodoviário são semelhantes aos aplicados ao ruído rodoviário, na medida em que visam geralmente proteger as pessoas que vivem perto de novas linhas, são aplicados para períodos semelhantes do dia e baseiam-se em grande medida no índice LAeq. Alguns países utilizam L Amax' particularmente durante a noite para limitar os efeitos do ruído no sono. Outros países, como a Alemanha e a

Áustria, utilizam um valor de classificação L Switzerland r' que é calculado a partir do LAeq, subtraindo o chamado bónus ferroviário que foi atribuído ao ruído ferroviário com base em inquéritos que mostram que o ruído ferroviário a um determinado LA"'! é considerado menos incómodo do que o ruído rodoviário. Mais uma vez, os limites dependem frequentemente da sensibilidade da zona afetada. Para os novos caminhos-de-ferro que dependem de linhas em zonas residenciais, os limites estudados situam-se na gama de 62 a 69 dB(A) durante o dia e de 53 a 62 dB(A) durante a noite. Os limites de ruído foram fixados para o ruído das aeronaves, a fim de garantir o cumprimento das regras aquando da construção de novas habitações e de outras instalações sensíveis ao ruído nas proximidades dos aeroportos existentes e de serem tidos em conta na expansão da capacidade aeroportuária. As zonas são geralmente concebidas para separar as utilizações do solo, o que é feito através do mapeamento dos contornos de ruído e da relação entre a utilização admissível do solo e os níveis de ruído ambiente. Ao contrário do ruído rodoviário e ferroviário, existe uma grande variedade de índices de ruído para essas regras ou orientações. São geralmente seguidas duas abordagens básicas. Uma utiliza o LAeq como para as estradas e caminhos-de-ferro, a outra utiliza índices que consideram o número de movimentos de aeronaves e o nível sonoro de pico de cada movimento, com ponderações para diferentes períodos do dia. Tendo em conta a diversidade dos índices, é difícil comparar os limites de emissão. A maioria dos Estados-Membros aplica limites de ruído para estabelecimentos industriais ruidosos utilizando o índice L. Por vezes, são acrescentadas "penalizações" para ter em conta o carácter específico do ruído. Quanto ao ruído rodoviário e ferroviário, estes aplicam-se aos períodos diurno e noturno e, por vezes, ao período vespertino, e variam consoante a sensibilidade da zona. Nas zonas residenciais, os limites vão de 45 a 55 dB(A) durante o dia e de 35 a 45 dB(A) durante a noite. Este inquérito efectuado para a Comissão e outros inquéritos semelhantes mostram um grau considerável de convergência entre os Estados-Membros no estabelecimento de critérios de qualidade com limites de emissão relacionados com fontes e locais. Embora existam diferenças entre os Estados-membros nos níveis dos limites aplicados, os intervalos dos limites, especialmente os relativos ao tráfego rodoviário e ao ruído industrial para novos desenvolvimentos, são relativamente pequenos. A nível técnico, a adoção praticamente universal do índice L Aeq para o ruído rodoviário, ferroviário e industrial é um elemento importante de convergência. Existem, todavia, grandes diferenças entre os Estados-Membros nos métodos utilizados para avaliar a exposição ao ruído, o que dificulta ainda mais as comparações entre os dados.

Um quadro para a avaliação da exposição ao ruído

"Em comparação com as medições efectuadas e os dados disponíveis para alguns componentes do ambiente que afectam diretamente o homem, como o ar ou a água, a observação do ambiente sonoro é ainda muito insuficiente."

Esta afirmação, que constava do relatório da OCDE "Fighting Noise in the 1990s" (Combater o ruído na década de 1990) publicado em 1991, continua a ser muito verdadeira cinco anos mais tarde. As medições dos níveis de exposição ao ruído e a exposição das populações estão longe de ser exaustivas e os dados são actualizados com pouca frequência, recorrendo muitas vezes a modelos simplistas. . Sem melhores informações, é impossível avaliar em que medida estão a ser feitos progressos no sentido da realização dos objectivos globais, como os estabelecidos no $5°$ Programa de Ação em matéria de Ambiente. Isto ficou claro no relatório de 1995 sobre o estado do ambiente da Agência Europeia do Ambiente. Além disso, sem uma melhor informação, torna-se muito mais difícil escolher os instrumentos mais eficazes em termos de custos para a ação futura, ou seja, se se deve continuar a reforçar os limites de emissão a nível comunitário ou se se deve confiar em acções mais locais.

A Comissão considera que a melhoria dos dados sobre o ruído, a sua comparabilidade e monitorização e a prestação de informações ao público são as principais prioridades de ação a curto e médio prazo e está a considerar a possibilidade de propor legislação sob a forma de uma diretiva para estabelecer um quadro para essas acções. Os resultados poderão contribuir para ultrapassar as deficiências supramencionadas e ajudar as autoridades nacionais e locais e a Comunidade a tomar decisões mais informadas sobre as medidas relativas ao ruído pelas quais são responsáveis. A Comissão gostaria, por conseguinte, de lançar um debate sobre o âmbito de qualquer legislação.

Os tipos de medidas que podem ser incluídos numa proposta de diretiva incluem

O estabelecimento de um índice comunitário comum de exposição ao ruído para garantir que os dados sobre a exposição ao ruído ambiente sejam disponibilizados utilizando as mesmas unidades de ruído.

A Comissão considera que o nível de pressão sonora contínuo equivalente ponderado Ae .T em dB(A) (conforme definido no Anexo 2) deve ser o índice "CE". Este é já o descritor de exposição mais utilizado e está a ganhar aceitação a nível mundial como escala para a exposição ao ruído a longo prazo.

- Disposições para o desenvolvimento e utilização de métodos harmonizados de previsão e medição para avaliação do ruído ambiente proveniente de diferentes categorias de fontes. A cooperação no desenvolvimento de métodos comuns já está em curso entre vários países europeus e deverá ser tida em conta.
- Disposições para o intercâmbio de informações comparáveis sobre a exposição ao ruído entre os Estados-Membros. Os dados poderiam ser recolhidos e disponibilizados pela Agência Europeia do Ambiente.
- Avaliação da exposição ao ruído ambiente pelas autoridades competentes dos Estados-Membros e fornecimento de informações sobre a exposição ao público.

A Comissão considera que a elaboração de mapas de ruído tem potencial para ser um método relativamente pouco dispendioso de avaliação dos dados sobre o ruído e de apresentação efectiva e ao público, bem como para servir de instrumento básico de planeamento. Esses mapas apresentam gamas de exposição ao ruído numa determinada zona, por exemplo, em escalões de 5 dB(A), através da utilização de cores diferentes. Facilitam o reconhecimento da exposição ao ruído, identificando assim as zonas onde é necessário tomar medidas e outras zonas tranquilas onde a exposição não deve aumentar.

Estas medidas podem ser propostas juntamente com as acções de harmonização de dados, como parte de uma diretiva, ou apresentadas separadamente sob a forma de recomendações aos Estados-Membros.

Em alternativa, o requisito de informar o público sobre a exposição ao ruído poderia fazer parte da segunda fase de ação, dependendo de uma avaliação dos resultados da primeira fase. A segunda fase poderia também incluir o estabelecimento de um número limitado de valores-alvo mínimos e a obrigação de tomar medidas ao nível mais adequado para atingir esses objectivos.

Proteção

Essencialmente, há duas maneiras de proteger o público contra a poluição sonora. Pode optar-se por intercetar o ruído, utilizando barreiras acústicas ou aumentando a distância em relação à fonte do som.

A proteção pessoal, os tampões para os ouvidos ou os abafadores podem reduzir o nível sonoro até 40 decibéis. As barreiras rodoviárias convencionais construídas em betão ou tijolo podem reduzir o nível sonoro em 15 decibéis. No entanto, é preciso ter muito cuidado ao selecionar os materiais para as barreiras acústicas. As barreiras de alta densidade e mal colocadas podem refletir o som e sobrepor as ondas de tal modo que o nível de ruído aumenta efetivamente.

A principal fonte de ruído do tráfego rodoviário é o movimento dos pneus no pavimento. A fonte secundária é o ruído do motor (escape) e a resistência do vento. Por conseguinte, é evidente que, com uma velocidade mais elevada, o ruído aumenta. Os testes efectuados sugerem que o aumento da velocidade de 40 para 70 km/h acrescenta cerca de 8-10 decibéis aos níveis sonoros. Um maior volume de tráfego aumenta obviamente os níveis de ruído, mas o aumento efetivo não pode ser generalizado. No caso do tráfego em "stop-and-go", o ruído do motor aumentaria significativamente e conduziria a um aumento adicional de 3-5 decibéis. Talvez as barreiras mais eficazes sejam as barragens ou a construção da autoestrada abaixo do nível da rua. A insonorização de um edifício é uma tarefa difícil, que exige um conhecimento aprofundado dos materiais acústicos e das suas aplicações.

O aumento da distância entre a fonte de som e o alvo é regido pela seguinte fórmula:

(a) Penetração do ruído no ar

SLb = Sla - 10 x log (Db/Da)

onde

SLa = nível sonoro a Da da fonte,

SLb = nível sonoro a Db da fonte

Essencialmente, isto significa que os níveis sonoros diminuem numa taxa logarítmica do rácio das distâncias da fonte.

(b) Combinação de ruídos

Como a escala de decibéis é logarítmica, o valor em decibéis dos ruídos aplicados simultaneamente não pode ser somado aritmeticamente. Por conseguinte, com base num gráfico logarítmico, estima-se que quatro motores de aeronaves modernas em funcionamento simultâneo emitem aproximadamente 104 dB. (Cada motor gera 100 dB a 10 metros de distância). Embora a emissão de ruído acima referida tenha sido extrapolada a partir de medições aleatórias, é considerada conservadora.

SOUND LEVEL decibels	Environmental condition
140-130	Pain threshold
130-120	Pneumatic chipper (jackhammer)
120-110	Automobile horn (at one meter)
110-100	Jet aircraft overhead (low level flight)
110-90	Interior of subway train
90-80	Inside of bus, cab of a transport truck
80-70	Busy street traffic
70-60	Normal conversation
60-50	Office background
50-40	Living room background (suburban residence)
30-40	Library
30-20	Bedroom at night (suburban home)
20-10	Sound studio background noise
10-0	Threshold of hearing

Fontes de poluição sonora

O som é medido numa unidade conhecida como decibéis. Embora não exista um limite de decibéis específico para decidir quando o som se torna ruído, entende-se que um limite de decibéis continuamente elevado constitui poluição sonora. Algumas zonas designam, de facto, os seus próprios limites sonoros, que variam, naturalmente, de uma legislação para outra. Nos Estados Unidos, a maioria dos estados tem um limite sonoro de 65 dB durante o dia e 55 dB durante a noite, aplicável às ruas. Quem ultrapassar este limite estará a causar poluição sonora. No entanto, todos estes limites sonoros designados são demasiado ambíguos, porque a maioria dos aparelhos que utilizamos, tanto nas fábricas como em casa, ultrapassam em muito os limites prescritos. Eis algumas das fontes de poluição sonora que conhecemos bem, mas que geralmente ignoramos

- Aparelhos domésticos, como batedeiras, aspiradores, máquinas de lavar, etc. Em conjunto, provocam um som cumulativo de cerca de 87 dB. Este valor está acima dos limites de ruído na maioria das zonas. Além disso, se os altifalantes, os televisores e os sistemas de música forem utilizados com volumes elevados, podemos imaginar a poluição sonora que está a ser criada.

- As pequenas fábricas que utilizam máquinas de uma só unidade produzem um som de cerca de 98 dB ou superior. O som será definitivamente mais elevado à medida que o número de máquinas aumenta.

- Os aviões provocam o som mais elevado de todos - 150 dB. Mas os veículos rodoviários são também grandes contribuintes para a poluição sonora. Estes veículos incluem os camiões, os autocarros, os tractores, os SUV e até os motociclos e a maioria dos automóveis.

- Existem também muitas fontes ambientais de poluição sonora que não podem ser ignoradas. Os ruídos contínuos são os mais incómodos. O ruído proveniente de fontes como torneiras a pingar e o tique-taque dos relógios pode contribuir para a poluição sonora ambiental.

Efeitos da poluição sonora na saúde

A poluição sonora pode afetar gravemente a saúde humana a longo prazo.

Estes efeitos não se manifestam imediatamente, mas podem ter repercussões mais tarde. Segue-se uma lista dos tipos de efeitos que a poluição sonora terá na saúde humana após uma exposição contínua durante meses, ou mesmo anos

- O efeito mais imediato é uma deterioração da saúde mental. Por exemplo, as pessoas que vivem demasiado perto de aeroportos são provavelmente muito nervosas. O ruído contínuo pode criar episódios de pânico numa pessoa e pode mesmo aumentar os níveis de frustração. Além disso, a poluição sonora é um grande impedimento para concentrar a mente numa determinada tarefa. Com o tempo, a mente pode perder a capacidade de se concentrar.
- Outro efeito imediato da poluição sonora é a deterioração da capacidade de ouvir claramente. Mesmo a curto prazo, a poluição sonora pode causar surdez temporária. Mas se a poluição sonora se mantiver durante muito tempo, existe o perigo de a pessoa ficar surda de pedra.
- A poluição sonora também afecta o coração. Verifica-se que o ritmo a que o coração bombeia o sangue aumenta quando há um estímulo constante de poluição sonora. Isto pode levar a efeitos secundários como frequências elevadas de batimentos cardíacos, palpitações, falta de ar e afins, que podem mesmo culminar em convulsões.
- A poluição sonora pode provocar a dilatação das pupilas do olho, o que pode interferir na saúde ocular em fases posteriores da vida.
- A poluição sonora é conhecida por aumentar os espasmos digestivos. Isto pode ser o precursor de problemas gastrointestinais crónicos.

Controlo da poluição sonora

Os governos estão a fazer os seus esforços para controlar a poluição sonora, mas temos de compreender a dificuldade da tarefa. Se não cuidarmos de nós próprios, os problemas da poluição sonora serão sempre graves. Eis algumas formas de fazermos esforços individuais para reduzir a poluição sonora para nós próprios e para os outros:

- Devemos controlar constantemente os aparelhos que utilizamos em casa. A maior parte deles possui isolamentos de borracha que actuam como insonorizantes. Mas, com o tempo, este isolamento pode desgastar-se e é aí que começa a poluição sonora. Verifique quais os aparelhos que necessitam de manutenção e substitua os isolamentos, se necessário.

- O cultivo de árvores é uma forma muito significativa de reduzir o ruído na estrada. As árvores actuam como amortecedores para absorver o som produzido nas ruas e, assim, reduzir a poluição sonora. É por essa razão que as estradas com árvores de ambos os lados parecem ser mais silenciosas e pacíficas. Cultive árvores à volta da sua casa, se puder. Isso protegê-lo-á do ruído das ruas. Isto também é útil se estiver perto de um aeroporto.

- Não buzine nos seus veículos a não ser que seja absolutamente necessário. Todos sabemos a facilidade com que os limites sonoros do trânsito são ultrapassados quando há um engarrafamento. Podemos estar desesperados para passar, mas buzinar não vai resolver nenhum problema. Só vai aumentar a poluição sonora.

- Se estiver a trabalhar numa fábrica com muitos problemas de ruído, faça questão de usar tampões para os ouvidos e abafadores. Se for o proprietário da fábrica, forneça estes objectos aos seus trabalhadores.

O objetivo do estudo

O objetivo deste estudo é fornecer avaliações analíticas, comparativas e quantitativas do nível de poluição sonora na cidade de Tirana, Albânia. A metodologia utilizada consiste na recolha de amostras durante três dias na cidade de Tirana, nas suas 14 zonas principais. O tempo para a amostragem dos dados é selecionado de forma a refletir com maior precisão a situação da poluição sonora em Tirana. Especificamente, os horários para as amostras selecionadas foram recolhidos às 8^{00}, 13^{00} e 19^{00}. Em seguida, estes dados são processados através do método de regressão linear cujo algoritmo é formulado através do software Matlab. Através da simulação, foram extraídas as respectivas rectas da regressão linear, para os três horários durante os quais são recolhidas amostras da amplitude em dB dos sinais do nível de ruído. Estas rectas são apresentadas graficamente e são também tratadas as equações lineares, bem como os respectivos coeficientes de determinação. Por fim, são apresentados os resultados, que foram comparados entre si para tirar as conclusões necessárias e são comparados com as normas e diretrizes fornecidas pela União Europeia.

Panorama teórico da poluição sonora

A poluição sonora é uma das questões mais sensíveis no que respeita à política dos Estados-Membros da UE em matéria de saúde humana. De acordo com as definições da UE (Comissão das Comunidades Europeias, 1996, p.35), o ruído é determinado a partir da perceção subjectiva das pessoas, que varia de uma pessoa para outra e, muitas vezes, para um indivíduo, dependendo da sua residência atual. Devido à sua natureza subjectiva, não pode ser medido por unidades objectivas (Singal, 2000, p. 90).

No entanto, para classificar e comparar diferentes fenómenos de ruído, é necessário dar pelo menos uma descrição aproximada com valores quantitativos (Behar, 1999, p.31). Para este efeito, o som, que é o aspeto físico do ruído, é descrito por valores quantitativos, que estão relacionados com a sua potência (Bies, 2009, p. 73). A potência de um determinado som é expressa em termos de amplitude média das ondas sonoras p e designa-se por nível de pressão sonora L_p em decibéis (dB) e é definida pela seguinte equação (p0 é a pressão sonora de referência de 20 µ Pa):

$$L_p = 10\log(p/p_0)^2 \text{ in dB} \tag{1}$$

A escala de decibéis varia de $-\infty$ a $+\infty$, mas o ouvido humano pode captar sinais desde 0 dB de Pressão de Nível Sonoro (limite da obediência humana) até 130 dB (limite em que o ser humano sente grande incómodo) (Agarwal, 2014, p.220). A forma como o nível de ruído em dB corresponde aos ruídos diários no ambiente externo é apresentada na figura 1, onde se pode observar que esta gama varia entre cerca de 35 dB e cerca de 110 dB (Filipponi, 2014, p. 67).

Devido à natureza logarítmica dos valores SPL (Sound Pressure Level), a coleção SPLs é diferente da coleção normal: adicionando 2 (10, 20, 100) SPLs equivalentes, resulta num aumento de 3 (10, 13, 20) dB (Woo, 2014, p. 154).

Um elemento importante é a sua frequência ou a composição de frequências (Bies, 2009, p.35). A maioria dos sons é constituída por uma mistura de tons com diferentes frequências, sendo a frequência medida em Hz. O ouvido humano tem uma sensibilidade diferente a tons com frequências diferentes (Wang, 2004, p. 79); é muito mais sensível a tons entre 1 kHz e 5 kHz, menos sensível a frequências mais altas e menos sensível a frequências mais baixas (Hohlt, 2014, p. 102). Por conseguinte, para muitos fins, o nível SPL medido é estimado com a chamada ponderação "A" e é transformado em nível de pressão sonora ponderado "A" L_{PA}:

$$L_{pA} = 10 \log (p/p_0)^2 \text{ ne dB (A)} \tag{2}$$

De acordo com estas normas, a UE estabelece uma série de orientações e diretivas que visam unificar as políticas dos Estados-Membros (Salpekar, 2009, p. 146). Uma dessas orientações é a diretiva relativa ao ruído ambiente (2002/49/CE). A Diretiva relativa ao ruído ambiente (2002/49/CE) é um dos principais instrumentos para identificar os níveis de poluição sonora e tomar as medidas necessárias para os Estados Membros da UE. A Comissão publicou o primeiro relatório de aplicação (COM (2011) 321 final de 1 de junho de 2011) que resume os progressos da aplicação e destaca possíveis formas de melhorar a aplicação e a eficácia das políticas de poluição sonora ambiental da UE (Ministria e Mjedisit, Pyjeve dhe Administrimit te Ujerave, 2000, p. 13).

Os princípios básicos da diretiva são semelhantes aos que reforçam outras políticas ambientais (como a do ar), por exemplo:

- Monitorização dos problemas ambientais; solicitar às autoridades competentes dos Estados-Membros que elaborem "mapas estratégicos de ruído" para as principais estradas, caminhos-de-ferro e aglomerações, utilizando indicadores de ruído harmonizados L_{den} (nível equivalente dia-entardecer-noite) e L_{night} (nível equivalente noturno) (Bennett, p 78). Estes mapas serão utilizados para avaliar o número de pessoas afectadas e o número de pessoas com problemas de sono em toda a Europa, respetivamente.

- Informar e consultar o público sobre a exposição ao ruído, os seus efeitos e as medidas tomadas para o combater, em conformidade com os princípios da Convenção de Aarhus (Singal, 2005, p. 148).

- A determinação dos problemas locais de ruído, exigindo que as autoridades competentes esbocem planos de ação para reduzir o ruído, quando necessário, e manter a qualidade do ruído ambiente, quando esta for boa. A diretiva não estabelece qualquer valor-limite, nem descreve os parâmetros a utilizar nos planos de ação, que ficam ao critério das autoridades competentes. (Beranek, 1992, p. 13)

- O desenvolvimento de uma estratégia a longo prazo, que inclui objectivos para reduzir o número de pessoas que são afectadas pelo ruído e fornece um plano de trabalho para o desenvolvimento de políticas existentes da Comunidade no que diz respeito à redução do ruído da fonte. De acordo com este facto, a Comissão emitiu uma declaração relativa às disposições prescritas num artigo que se relaciona com a preparação de legislação que diz respeito às fontes de ruído (Polastre, 2014, p. 70).

É importante notar que a atual diretiva não estabelece valores-limite nem descreve os parâmetros que devem ser incluídos nos planos de ação, deixando essas questões ao critério das autoridades competentes (Presad, 2011, p. 189).

Nesta linha dos principais objectivos, a Diretiva Ruído Ambiente é aplicada aos ruídos a que os seres humanos estão expostos, especialmente em áreas abertas, em parques públicos ou outras áreas tranquilas, perto de escolas, hospitais e outros edifícios e áreas sensíveis a ruídos (Murphy, 2014, p. 79). A diretiva não é aplicável ao ruído causado pela própria pessoa, ao ruído gerado pelos vizinhos, ao ruído nos locais de trabalho ou ao ruído devido a actividades militares em zonas militares.

Poluição sonora: O caso da Albânia

No que diz respeito à poluição sonora na Albânia, podemos dizer que foram efectuados estudos muito bonitos sobre este campo de investigação (Anthrop, 1973, p.51). Em média, a população de Tirana está exposta durante o dia a níveis de ruído com amplitude superior a 70 dB e durante a noite está exposta a níveis superiores a 55 dB. Estes níveis são relativamente elevados em comparação com as normas recomendadas pela União Europeia. A partir desta investigação (Pojani, 2012, p.3), verifica-se que, embora o ruído constitua um problema para as pessoas expostas, as fontes que reduzem os níveis de ruído são muito limitadas. Alguns dos efeitos negativos do ruído são evidentes devido à elevada densidade de residentes e de automóveis, que permite a geração de ruído (Philip, p. 30).

O fenómeno da poluição sonora tem causas que estão relacionadas com o desenvolvimento da sociedade. Em países não industrializados e sem grande população, a poluição sonora é mínima. Relativamente a este ponto, podemos mencionar o facto de que durante os anos de comunismo na Albânia (Pojani, 2012, p.4), a população estava distribuída de forma mais uniforme, havia menos automóveis, etc. e consequentemente os níveis de poluição sonora eram mais baixos. De seguida, apresentamos os níveis de poluição sonora em Tirana durante os anos 20022007.

dB*	Day	Night
2002	73	38
2003	76	42
2004	71	62
2005	71	59
2006	71	58
2007	72	57
	range 68-74	range 54-65
WHO recommended limits		
Residential area (outdoors)	50-55	45
Public space	70	

Quadro 1 Níveis de ruído em Tirana em diferentes anos

CAPÍTULO 2

Metodologia

Examinemos a metodologia utilizada para o nosso estudo e façamos uma descrição do equipamento utilizado.

Para recolher amostras de sons no ambiente do estudo, é utilizado um microfone sonoro que tem determinados parâmetros, sendo o mais importante o parâmetro de sensibilidade (Choudhary, 2013, p. 68).

Já se tornou comum exprimir a sensibilidade do microfone em decibel relativamente a um nível de referência. De acordo com a prática aceite, a tensão de referência Eref é definida para 1V e a pressão de referência p0 é definida para 1Pa (Demirkol, 2014, p. 132). A equação seguinte pode ser utilizada para exprimir a sensibilidade de um microfone:

$$S = \log_{10}[E_{po}/(E_{ref}p)] \tag{3}$$

As sensibilidades típicas de um microfone variam entre -25 dB e -60 dB em 1V Pa^{-1}. Por exemplo, se o Nível de Pressão Sonora for 75dB, então um microfone com uma sensibilidade de 30 dB em 1V Pa^{-1} produzirá uma tensão inferior a 1V com 50 dB (Siddiqi, 2012, p. 20). Consequentemente, a tensão produzida é:

$$E = 10^{-50/20} = 3.15 \text{ mV}. \tag{4}$$

Os dados obtidos são medidos através de um sonómetro que tem os seguintes parâmetros:

Resolução: 0,1dB

Frequência: 30 Hz a 10 kHz

O tipo de microfone: Microfone de condensador elétrico

Calibração: Sistema de oscilação interna (gerador de ondas sinusoidais de 1 kHz)

Figura 1 - O mapa dos pontos onde são recolhidas as amostras de sinais em Tirana

O sinal de saída: 0,8 Vss a 98 dB; 10 mV/dB

O produto utilizado para recolher as amostras está em conformidade com os requisitos da Diretiva 2004/108/CE da União Europeia.

Os níveis de ruído foram recolhidos como amostras em Tirana, em 14 pontos principais da cidade. As medições foram efectuadas em 3 dias consecutivos e em três horários diferentes em cada um dos dias. As medições foram efectuadas às $8\!:\!^{00\ horas}$ da manhã, às $13\!:\!^{00\ horas}$ da tarde e às $19\!:\!^{00\ horas}$ da tarde. Abaixo é mostrado o mapa de Tirana com 14 áreas marcadas nas quais as medições são efectuadas.

De seguida, apresentamos uma tabela convencional que contém os dados dos pontos onde foram efectuadas as medições. Estes dados consistem na conversão dos nomes das zonas onde as medições são efectuadas em letras. Também se indica a coordenada correspondente e o número de habitantes.

Location	Respective letters	Latitude	Longitude	The population number
Sheshi "Avni Rustemi"	A	41.3295278	19.824975	51007
Kryqezimi te Berryli	B	41.3275	19.829443	51007
Rruga e Elbasanit	C	41.3116709	19.836000	72801
Universiteti Politeknik i Tiranes	D	41.3167273	19.821566	26457
Shkolla "Vasil Shanto"	E	41.3215453	19.802663	74936
Fabrika e Miellit	F	41.3220408	19.789144	61632
Dogana	G	41.339636	19.786022	61095
Zogu i Zi	H	41.3275459	19.818698	61095
Kryqezimi "21 Dhjetori"	I	41.3257714	19.803467	61632
Qendra e qytetit	J	41.3279922	19.818906	26457
Stacioni i Trenit	K	41.3416104	19.814233	51599
Kryqezimi i Porcelanit	L	41.342559	19.846271	66795

| Liqeni | M | 41.311393 | 19.817954 | 26457 |
| Kristal Center | N | 41.3175407 | 19.798752 | 74935 |

Quadro 2 - Quadro que mostra as correspondências entre as letras do alfabeto e as zonas onde são efectuadas as medições

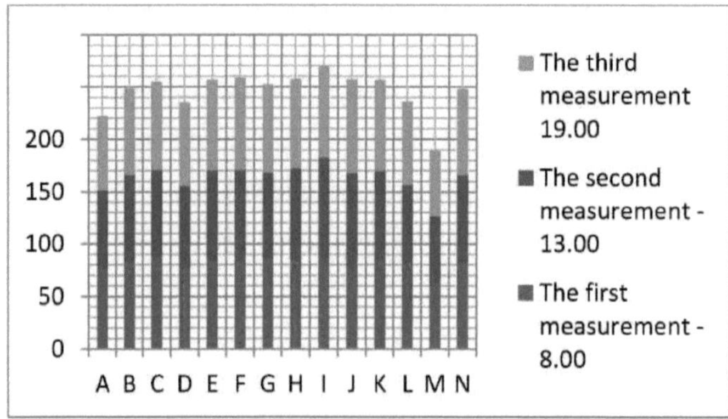

Figura 2 - O primeiro dia de amostragem do nível de ruído em Tirana

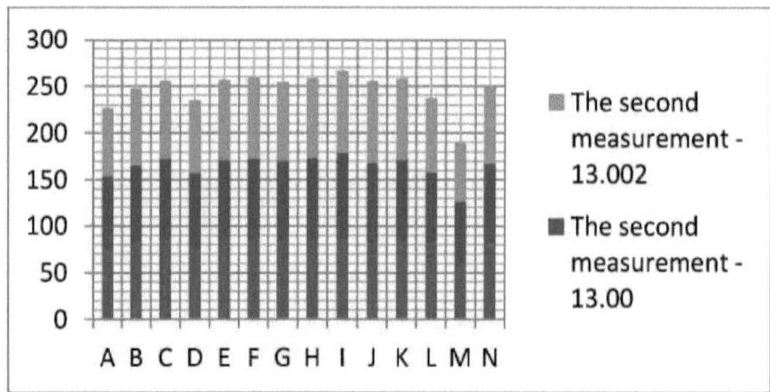

Figura 3 - O segundo dia de amostragem do nível de ruído em Tirana

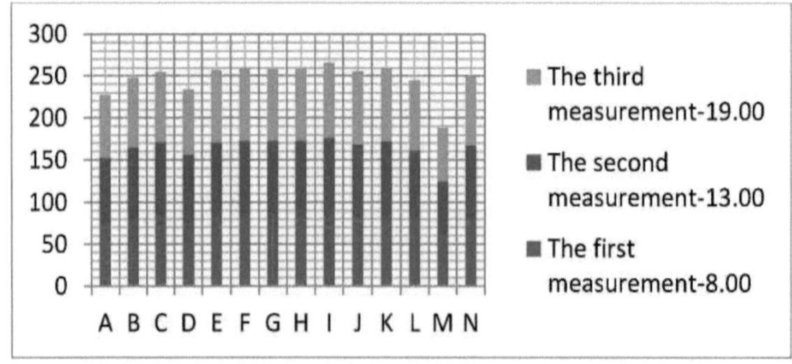

Figura 4 - Terceiro dia de amostragem do nível de ruído em Tirana

A avaliação e análise do desempenho

Para analisar os dados e fornecer previsões sobre o nível de ruído em Tirana, nas áreas em que as medições são efectuadas, utilizámos o método de regressão linear que é implementado através do software Matlab. O Matlab é um software poderoso em que uma das múltiplas funções que executa é a análise de dados. Um dos métodos de análise de dados é a regressão linear. Os métodos de análise de dados estudam a forma como um ou mais factores mensuráveis têm impacto na evolução do fenómeno, sabendo que certos factores incomensuráveis também têm impacto, e com a regressão linear estudamos a extensão deste impacto no caso de os factores serem quantitativos.

Os gráficos que são tidos em conta são de média aritmética que serão descritos e apresentados de seguida, juntamente com as respectivas rectas de regressão linear. Notamos que estes gráficos são: aquele onde se reflecte as medições no 8^{00}, depois o das medições no 13^{00} e finalmente o das medições no 19^{00}. Também nestes gráficos estão integradas as respectivas rectas lineares definidas pela simulação através do software Matlab.

Vamos dar os primeiros resultados da medição: a efectuada em 8^{00}. O gráfico dos valores médios medidos e a reta de ajuste da regressão linear são dados a seguir:

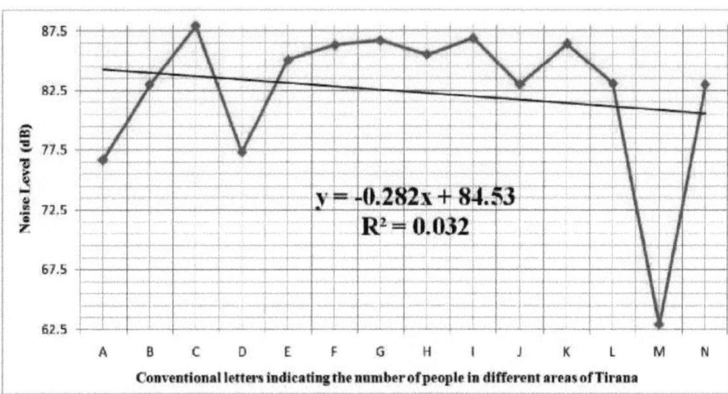

Figura 4 - O gráfico dos valores médios medidos às 8^{00}, bem como a reta de regressão linear

A equação de regressão da reta de ajuste da medição efectuada às 8^{00} é

$$y = -0.282x + 84.53 \tag{5}$$

O coeficiente de determinação é $R^2 = 0,032$, o que significa que o valor do ruído em dB para a medição em 8^{00} depende do número da população na massa 3,2%. Isto significa que 96,8% do nível de ruído depende de outros factores a serem estudados.

Agora, temos os seguintes resultados para a segunda medida: a que foi efectuada às 13^{00}. A reta da regressão linear é dada abaixo:

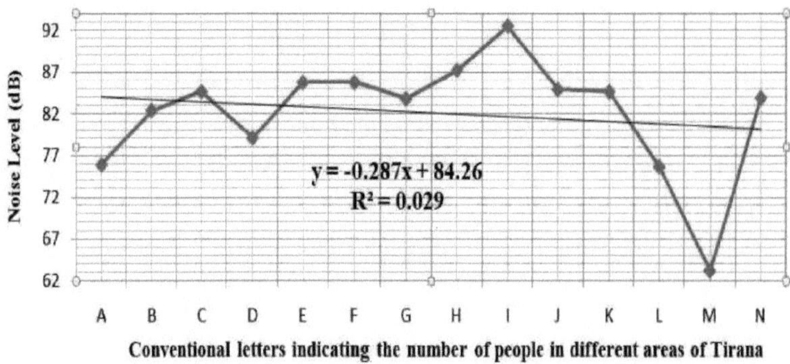

Figura 5 - O gráfico dos valores médios medidos às 13^{00}, bem como a reta de regressão linear

A equação de regressão da reta de ajuste da medição efectuada às 13^{00} é

$$y=-0.287x+84.26 \tag{6}$$

O coeficiente de determinação é $R^2 = 0,029$, o que significa que o valor do ruído em dB para a medição em 13^{00} depende do número da população na massa 2,9%. Isto significa que 97,1% do nível de ruído depende de outros factores a estudar. Finalmente, apresentamos a análise de regressão para as medições recentes efectuadas em 19^{00}. A reta de ajuste da regressão linear para esta medida é a seguinte

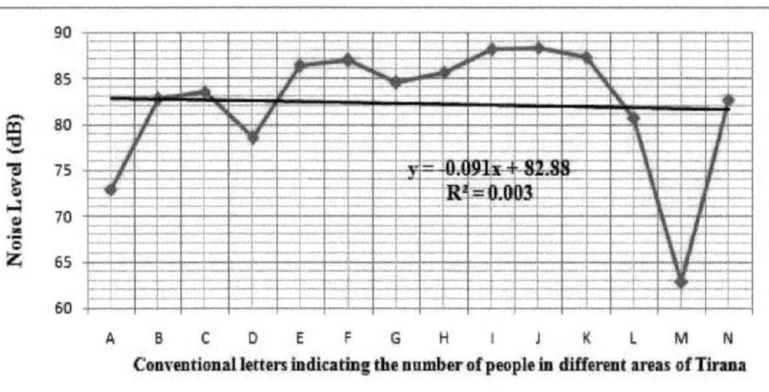

Figura 6 O gráfico dos valores médios medidos às 19^{00}, bem como a reta de regressão linear

A equação de regressão da reta de ajuste da medição efectuada às 19^{00} é

$$y = -0.091x + 82.88 \tag{7}$$

O coeficiente de determinação é $R^2 = 0,03$, o que significa que o valor do ruído em dB para a medição em 19^{00} depende do número da população na massa de 3%. Isto significa que 97% do nível de ruído depende de outros factores a estudar.

CAPÍTULO 3

Conclusões

Neste trabalho, apresentámos uma avaliação quantitativa do impacto da população na poluição sonora. É evidente que quanto maior for a população da cidade, maior será a poluição sonora; no entanto, o objetivo era fornecer dados concretos para avaliar este aspeto importante na nossa sociedade (Jones, 1971, p. 84).

A identificação do ruído como uma séria ameaça à saúde é um desenvolvimento dos tempos modernos (Santini, 2014, p. 178). Com o desenvolvimento da indústria moderna, os problemas de audição, causados pelo ruído, foram evidenciados; também um dos mais problemáticos é a música mais alta (Peirce, 1997, p. 158). Enquanto a música mais alta pode dar prazer a algumas pessoas, o ruído excedente que é causado pelas indústrias modernas ou outras causas que advêm da elevada concentração populacional em determinadas áreas, pode causar efeitos perturbadores a problemas psicológicos a muitas pessoas (Landsiedel, 2014, p.157). No entanto, a relação entre o ruído e o custo monetário continua a existir e não pode ser ignorada. Isto significa que um método comum de controlo do ruído é um obstáculo ou uma "parede" e, em muitos casos, esta pode ser apenas uma solução prática. No entanto, a experiência tem mostrado que o controlo do ruído na fase de projeto pode geralmente ser realizado em 10% em relação ao custo, em comparação com a adição de uma barreira numa estrutura já instalada (Nicchi, 2014, p. 17). Na fase de projeto, o mecanismo de produção de ruído pode ser selecionado para produzir menos ruído e, mais uma vez, a experiência tem demonstrado que o processo resulta frequentemente num mecanismo melhor. Estas vantagens conduzem então a incentivos económicos para a implementação e o controlo do ruído (Kryter, 2012, p.124). Infelizmente, em muitas indústrias, os engenheiros são raros a serem capazes de efetuar as alterações de conceção essenciais para ambientes ruidosos. Muitas vezes, têm de fazer com o que estão equipados e aprender a aplicar a tecnologia de forma eficaz para controlar o ruído (Van Dam, 2014, p. 95). Estas medições são complicadas de utilizar e a experiência tem mostrado que estes controlos de ruído são negligenciados pelos empregadores que os vêem como uma barreira para benefícios pessoais (Lu, 2014, p.92).

Confirmamos que os valores médios medidos em 8^{00}, têm uma tendência que é atravessada por uma reta que tem uma equação linear y=-0,282x + 84,53, os medidos em 13^{00} são atravessados por uma reta com a equação y=-0,287 + 84,26 e os medidos em 19^{00} têm uma reta com uma equação y=-0,091 + 82,88. Os respectivos coeficientes de determinação são 0,032, 0,029 e 0,03. Isto significa que uma certa percentagem da poluição sonora tem valores em função do número de habitantes, enquanto que a outra parte envolve outros factores, cujo estudo e discussão permanece em aberto.

É claro que, com base nos dados sobre a poluição sonora em Tirana nos anos em curso, é evidente que a tendência é mais ou menos a mesma e, em comparação com as recomendações da União Europeia, é bastante preocupante.

CAPÍTULO 4

Referências

Agarwal, M. (2014) "Environmental Noise and Hearing: Impacts of Road Traffic Noise Pollution on Hearing" Antrop, D. (1973) "Noise pollution", Lexington Press Behar, A. (1999) Noise Control: A Primer, Singular Press

Bennett, G. "Book Review: Controlo avançado da poluição atmosférica e sonora (Manual de engenharia ambiental volume 2) [Uma revisão de livro de: Journal of Hazardous Materials]"

Beranek, L (1992) "Engenharia de Controlo de Ruído e Vibrações: Princípios e Aplicações"

Bies, D. C. (2009) "Engineering Noise Control", Spon Press, p. 35-73

Choudhary. A, (2013) "Monitorização da poluição sonora: Uma ferramenta necessária para a criação de uma base de dados sobre a poluição sonora" Lambert Press

Comissão das Comunidades Europeias (1996) "Future Noise Policy".

Demirkol, I (2014) "Protocolos MAC para redes de sensores sem fios: um estudo"

Filipponi, L (2014) "Recolha de dados em redes de sensores sem fios para monitorização da poluição sonora"

Hohlt, B. (2014) "Programação flexível de energia para redes de sensores"

Jones, C. (1971) "Pollution: The Noise We Hear (Real World Book)", Lerner Pub Group (L)

Kryter, K. (2012) "Physiological, Psychological, and Social Effects of Noise", NASA Scientific and Technical Information Branch

Landsiedel, O (2014) "Previsão exacta do consumo de energia em redes de sensores"

Lu, G. (2014) "An adaptive energy-efficient and low- latency MAC for data gathering in sensor networks" Ministria e Mjedisit, Pyjeve dhe Administrimit te Ujerave (2000), "Nivelet kufi te zhurmave ne mjedise te caktuara"

Murphy, E. (2014) "Environmental Noise Pollution: Mapeamento de ruído, saúde pública e política" Elsevier Press

Nicchi, E. (2014) "Poluição Sonora: Fontes, efeitos na produtividade no local de trabalho e implicações para a saúde (Ciência, tecnologia e redução da poluição)" Nova Press

Peirce, J. (1997) "Environmental Pollution and Control, Fourth Edition" Butterworth-Heinemann Press

Philip, J. "How Noise Can Kill You" (O ruído pode matar-te) Kindle Press

Pojani, D.(2014) "Questões de gestão da poluição sonora em Tirana, a capital da Albânia"

Polastre, J (2014) "Acesso versátil e de baixo consumo aos meios de comunicação para redes de sensores sem fios"

Presad, D. (2011) "Noise Pollution", Tripathy Press

Salpekar, A. (2009) "Noise Pollution" (Poluição Sonora)

Santini, S (2014) "Primeiras experiências com redes de sensores sem fios para a monitorização da poluição sonora"

Siddiqi, R. (2012) "Poluição Sonora: Uma campanha de sensibilização para os institutos de ensino de Lahore" Lambert Press

Singal, S. (2000) "Noise Pollution and Control" Narosa Press

Singal, S. (2005) "Noise Pollution And Control

Estratégia" Alpha Science Press

Van Dam, T (2014) "Um protocolo MAC adaptável e eficiente em termos de energia para redes de sensores sem fios"

Wang, L. (2004) "Advanced Air and Noise Pollution

Controlo: Volume 2 (Handbook of Environmental Engineering)" Humana Press

Woo, A. (2014) "Taming the underlying challenges of reliable multihop routing in sensor networks" (Domar os desafios subjacentes ao encaminhamento fiável de múltiplos saltos em redes de sensores)

Apêndice A - Parâmetros do equipamento que mede o ruído
Precauções de segurança

Este produto está em conformidade com os requisitos das seguintes diretivas da Comunidade Europeia: 2004/108/EG (Compatibilidade electromagnética). Para garantir o funcionamento seguro do equipamento e eliminar o perigo de ferimentos graves devido a curto-circuito (arco voltaico), devem ser observadas as seguintes precauções de segurança.

Os danos resultantes da inobservância destas precauções de segurança estão isentos de qualquer ação judicial.

* Respeitar as etiquetas de advertência e outras informações do equipamento.

* Ao medir valores desconhecidos, começar sempre com a gama de medição mais elevada.

* Não sujeitar o equipamento à luz solar direta ou a temperaturas extremas.

* Não sujeitar o equipamento a humidade extrema ou humidade.

* Não sujeitar o equipamento a choques ou vibrações fortes.

* O aparelho de medição não deve ser utilizado sem vigilância.

* Não utilizar o equipamento perto de campos magnéticos fortes (motores, transformadores, etc.)

* Manter os ferros ou pistolas de soldar quentes afastados do equipamento.

* Deixar o equipamento estabilizar à temperatura ambiente antes de efetuar a medição (importante para medições exactas).

* Não modificar o equipamento de forma alguma.

* Não colocar o equipamento virado para baixo sobre uma mesa ou bancada de trabalho para evitar danificar os controlos na parte da frente.

* A abertura do equipamento e os trabalhos de assistência e reparação só podem ser efectuados por pessoal qualificado.

* Os instrumentos de medição não devem ser manuseados por crianças.
Limpeza do armário
Limpar apenas com um pano húmido e macio e um produto de limpeza

doméstico suave disponível no mercado. Certifique-se de que não entra água no interior do equipamento para evitar possíveis curto-circuitos e danos no equipamento.

Caraterísticas

Ecrã LCD grande, fácil de ler

Concebido para cumprir a norma IEC 61672-1, classe 2.

A rede de ponderação A & C está em conformidade com as normas.

Modos caraterísticos dinâmicos FAST e SLOW.

Saída para expansão do sistema.

Sistema de oscilação interna para calibração.

Microfone de condensador para uma elevada precisão e estabilidade a longo prazo.

Função MAX HOLD para guardar o valor máximo no ecrã.

Ecrã LCD para baixo consumo de energia e leitura clara mesmo em condições de luz ambiente intensa.

Utilizou os componentes duráveis e de longa duração, incluindo uma caixa de plástico ABS forte e leve.

O design pequeno e leve permite a utilização com uma só mão.

Indicador de pilha fraca.

Especificações

Visor:Visor LCD de 17 mm, 31/2 dígitos

Função: dB (ponderação A + C), rápido, lento, retenção máxima, saída analógica

Polaridade:Automática, (-) indicação de polaridade negativa

Medição

gama: A LO (baixo) - Ponderação: 35 ... 100 dB

A HI (alto) - Ponderação: 65 ... 130 dB

C LO (baixo) - Ponderação: 35 ... 100 dB

C HI (alto) - Ponderação: 65 ... 130 dB

Resolução: 0,1 dB

Precisão: (23°C +/- 5°C):   +/-3,5 dB; 94 dB; 1000 Hz

Frequência: 30 Hz...10 kHz

Microfone: microfone elétrico de condensador

Tamanho do microfone: 13 mm DIA. (0,5 polegadas)

Rede de ponderação: Caraterísticas de A & C.

Seletor de gama: BAIXO ou ALTO

Calibração: Sistema de oscilação interna, (gerador de ondas sinusoidais de 1 kHz)

Sinal de saída: 0,8 Vss a 94 dB; 10 mV/dB

Terminal de saída: O terminal de saída do telefone de 3,5 mm é fornecido para ligação ao analisador, registador de nível, gravador de fita.

Temperatura e humidade de funcionamento: 0^0 a 50^0 C, <80% Fonte de alimentação: Bateria de 9V

Dimensões: 251 (A) x 64 (L) x 40 (P) mm

Peso: 250 g

Acessório standard 1 x mala de transporte

1 x Manual de instruções

1 x Bateria de 9 V,

Descrição do painel

1. Ecrã LCD: Ecrã LCD de 3 $^{(1)/2}$ dígitos com unidades de dB, A, C, Lo, Hi e indicação de bateria fraca "BAT" MAX HOLD, DATA HOLD.
2. Botão Lo/Hi: Seleciona as gamas Baixa ou Alta do medidor.
3. Botão S/F: Seleciona as gamas lenta ou rápida do medidor.
4. MAX HOLD: Se premir o botão MAX, a leitura máxima será mantida. Se premir novamente o botão, a retenção será libertada e será possível efetuar uma nova medição.
5. (Retenção máxima: decaimento < 15 dígitos/3min)
6. DATA HOLD: A leitura será mantida quando o botão Data Hold for premido. Se o botão Interruptor for premido novamente, liberta a retenção e permite uma nova medição.
7. Interruptor de função: Seleciona as funções de medição.
8. Microfone: Microfone de condensador elétrico no interior.
9. Potenciómetro de calibração para a função CAL94dB.

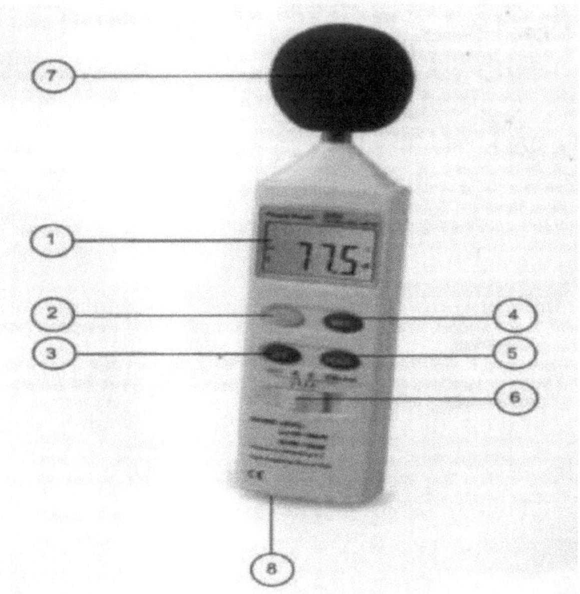

Descrição do painel frontal

Calibração (sistema interno)

O sonómetro está equipado com um sistema de calibração interno (gerador de ondas sinusoidais de 1 kHz).

Se o instrumento não for utilizado durante um longo período de tempo ou se for utilizado num ambiente desfavorável, é favor seguir os seguintes procedimentos para calibrar o instrumento antes de o utilizar.

1. deslize o interrutor de função (6) para a posição "CAL94dB".
2. Prima Rápido/Lento (3) para selecionar "SLOW".
3. Ajustar cuidadosamente o regulador de sensibilidade (8) com uma chave de fendas, até que o visor indique "94,0 +/- 0,2" dB

Procedimento de medição

Deslize o interrutor de função (6) para a posição "A" ou "C" para efetuar a medição do nível sonoro.

Nota:

1. As caraterísticas da ponderação A são simuladas como a resposta de "audição do ouvido humano". Normalmente, se efetuar a medição do nível sonoro ambiental, selecione sempre a ponderação A.

2. As caraterísticas de ponderação C estão próximas da resposta "FLAT". Tipicamente, é adequado para medir o SPL (nível de pressão sonora) ou verificar o ruído de máquinas (verificação Q.C.) e conhecer o nível sonoro real do equipamento testado.

3. Com base nas várias fontes de ruído, selecione o seletor de tempo de resposta Rápido/Lento (3) para escolher "Rápido" ou "Lento".

4. Segurar o instrumento na mão e apontar o microfone para a fonte de ruído medida, o nível sonoro será apresentado na unidade "dB" (decibel).

5. Max. Hold - Durante a medição de ruído, se for necessário guardar o valor máximo (pico) no visor, prima o botão Max. Hold (4).

6. Quando medir a estabilidade a longo prazo num ambiente de ruído que varia lentamente, utilize a função Max. Hold (4) para ler o valor máximo.

7. Prima novamente o botão MAX-Hold (4) para cancelar os valores máximos de retenção.

Considerações sobre a medição

1 Por favor, não guarde ou opere o instrumento em ambiente de alta temperatura e humidade durante um longo período.

2 Manter o microfone seco e evitar vibrações fortes

3 Selecionar o intervalo de medição adequado para minimizar a tolerância da leitura.

4 Calibrar o instrumento antes de o utilizar, se o instrumento não for utilizado durante um longo período de tempo ou se for utilizado num ambiente desfavorável.

Não definir Max. Hold (4) durante a calibração do instrumento

Substituir a pilha

1. Quando o ecrã LCD apresenta "BAT", indica uma saída normal da bateria inferior a 6,5 V - 7,5 V. É necessário substituir a bateria. No entanto, ainda é possível efetuar medições dentro das especificações durante várias horas após o aparecimento do INDICADOR DE BATERIA FRACA antes de o instrumento se tornar impreciso.

2. Deslize a tampa da bateria para fora do instrumento e retire a bateria.

3. Substitua a pilha de 9 V e volte a colocar a tampa.

4. As pilhas usadas são devidamente eliminadas. As pilhas gastas são perigosas - e devem ser entregues por este suposto contentor coletivo .

Notificação legal sobre os regulamentos relativos a baterias

O fornecimento de muitos aparelhos inclui pilhas, que servem, por exemplo, para acionar o controlo remoto. Também podem existir pilhas ou acumuladores incorporados no próprio aparelho. Em relação à venda destas pilhas ou acumuladores, somos obrigados, ao abrigo dos regulamentos relativos a pilhas, a informar os nossos clientes do seguinte: Por favor, elimine as pilhas usadas num ponto de recolha municipal ou devolva-as a uma loja local sem qualquer custo. A eliminação no lixo doméstico é estritamente proibida de acordo com os regulamentos relativos a pilhas. As pilhas usadas que nos foram encomendadas podem ser devolvidas gratuitamente no endereço indicado na última página deste manual ou por correio com selos suficientes.

As pilhas, que contêm substâncias nocivas, são marcadas com o símbolo de um caixote do lixo barrado com uma cruz, semelhante à ilustração apresentada à esquerda. Por baixo do símbolo do caixote do lixo encontra-se o símbolo químico da substância nociva, por exemplo, "Cd" para cádmio, "Pb" para chumbo e "Hg" para mercúrio.

Apêndice B: Impactos da poluição sonora na saúde

A poluição sonora é um problema de saúde crescente neste país e em todo o mundo. A Organização Mundial de Saúde reconheceu-a como uma das principais ameaças à saúde e ao bem-estar humanos. Alguns dos efeitos adversos bem documentados para a saúde incluem:

I. Doenças cardiovasculares: Nos adultos, foram documentados efeitos adversos para a saúde, tanto a curto como a longo prazo, incluindo aumento da pressão arterial, aumento do ritmo cardíaco, vasoconstrição, aumento das hormonas do stress, como a epinefrina e o cortisol, arritmias, doença cardíaca isquémica e acidentes vasculares cerebrais. Nas crianças, o aumento das hormonas relacionadas com o stress e o aumento da pressão sanguínea foram especialmente observados em crianças com menor rendimento académico.

II. Prejuízo cognitivo nas crianças: As crianças expostas ao aumento do ruído revelaram um desempenho académico inferior em várias formas, incluindo leitura, aprendizagem, resolução de problemas, concentração, desenvolvimento social e emocional e motivação.

III. Perturbação do sono: O ruído pode ter efeitos deletérios auditivos e não auditivos na saúde humana. Os efeitos auditivos incluem atrasos no adormecimento, despertares noturnos frequentes, alteração das fases do sono com redução do sono REM e diminuição da profundidade do sono.

Embora possa haver alguma aclimatação aos efeitos auditivos do ruído ao longo do tempo, os efeitos não auditivos, incluindo o aumento da pressão arterial, o aumento do ritmo cardíaco, a vasoconstrição, as alterações na respiração e a arritmia, continuam a ter efeitos delirantes na saúde humana, mesmo depois de o indivíduo se ter "habituado" ao ruído. Existem também "efeitos secundários" de diminuição do estado de alerta que resultam num aumento da taxa de acidentes, lesões e morte prematura.

IV. Saúde mental: Embora não seja um agente causal, sabe-se que o aumento do ruído acelera e intensifica o desenvolvimento de perturbações latentes da saúde mental, incluindo depressão, instabilidade mental, neurose, histeria e psicose. É também uma das principais causas ambientais de incómodo que conduz à diminuição da qualidade de vida.

Printed by Books on Demand GmbH, Norderstedt / Germany